SECOND COMPTE

DES RECETTES ET DÉPENSES,

RENDU

PAR LE DÉPARTEMENT

DE L'ADMINISTRATION DU DOMAINE.

DU xxii JANVIER m. dcc. xc,
AU xxx AVRIL INCLUSIVEMENT.

A PARIS,

De l'Imprimerie de LOTTIN l'aîné, & J.-R. LOTTIN, Imprimeurs Ordinaires
de la VILLE, rue Saint-André-des-Arcs, Nº 27.

M. DCC. XC.

COMPTE GÉNÉRAL

DE TOUTES LES OPÉRATIONS

FAITES À L'HÔTEL-DE-VILLE

DE PARIS,

TANT EN RECETTES QU'EN DÉPENSES,

Depuis le 22 Janvier 1790, jufqu'au 30 Avril, inclufivement.

RECETTE.

CHAPITRE PREMIER.

A CAUSE DES RECETTES QUI DÉRIVENT DU DOMAINE DE LA VILLE.

DÉNOMINATIONS DES ARTICLES.	MONTANT de chaque Recette.			TOTAL de chaque nature de Recette.		
	l.	f.	d.	l.	f.	d.
Il reftoit en Caiffe à l'époque du 21 Janvier 1790.	744,661	10	8			
La Caiffe de la Ville étoit, à la même époque, en avance pour le compte du Roi, de	90,035	3	2	834,696	13	10
DROITS D'ENTRÉES & AUTRES.						
Barrières. . . . de Fontainebleau.	30,000					
de S.-Jacques.	29,150					
de S.-Michel.	55,200					
des Carmes.	32,600					
	146,950			834,696	13	10

A

DÉNOMINATIONS DES ARTICLES.	MONTANT de chaque Recette.			TOTAL de chaque nature de Recette.		
	l	f	d.	l.	f	d.
DE L'AUTRE PART......	. 146,95.			. 834,696	13	10
Barrières. { de S.-Germain........	. .7,065					
de la Ville-l'Évêque.........	. . .802	10				
du Roule........	. .28,610					
de la Conférence.....	. .14,40.	15				
de la Rapée.....	. . .305					
Blanche....	. .2,232					
de Sainte-Anne.....	. .1,128	5				
de S.-Denys........	. .17,205					
de S.-Martin.....	. .17,805					
de la Courtille..	. .1,209	10				
de la Croix-Faubin	. .2,338	10				
de Picpus.......	. .5,671	5				
de Rambouillet..	. .33,050					
Bureaux. { de la Tournelle.......	. 272,000			.932,531	10	8
de la Halle au Vin	. 95,000					
de la Douane. . . Droits sur les Vins...	. .4,600	4				
de la Douane. . . Droits sur les Liqueurs.	. .3,153	15				
des Messageries.	. . .600					
Bureau général { Hôtel de Bretonvilliers........	. 30,760					
pour les Bières......	. 11,350					
pour les Charbons.........	. .8,650					
Ports. { de S.-Nicolas........	. 84,304	6	8			
de la Grève...	. .5,000					
de S.-Paul..... Droits d'Aides....	. 90,037	10				
de S.-Paul..... Droits de Domaine..	. . .800					
Octrois sur les Fermes........	. .45,500					

LOYERS, RENTES ET AUTRES REVENUS.

DÉNOMINATIONS DES ARTICLES.	MONTANT de chaque Recette.			TOTAL de chaque nature de Recette.		
Loyers de Terreins, Maisons, &c.	. .18,418					
Rentes. { sur les Aides & Gabelles.......	. .3,927	15	.	. .30,384	15	4
sur les Tailles......	. . .59	10				
sur les Domaines & Bois.....	. .7,666	9				
sur les Etats de Bretagne.......	. . .264	1				
sur l'ancien Clergé.........	27					

RECETTES DIVERSES.

DÉNOMINATIONS DES ARTICLES.	MONTANT de chaque Recette.			TOTAL de chaque nature de Recette.		
Prix de Terreins vendus.......	. .81,261	19	10			
Intérêts du prix de { Fossés & Porte de S.-Antoine......	. . .848	1	6			
Terreins vendus. { Place du Palais-Royal.......	. 4,607	12	1			
	. .86,718	3	5	1,797,612	19	10

DÉNOMINATIONS DES ARTICLES.	MONTANT de chaque Recette.			TOTAL de chaque nature de Recette.		
	l.	f.	d.	l.	f.	d.
CI-CONTRE.	. . 86,718	3	5	1,797,612	19	10
Intérêts d'effets donnés en paiement & de Billets de la Caiffe d'Efcompte.	. . . 337	2	4			
Emprunt viager à 60 ans, autorifé par Arrêt du Confeil du 9 Août 1771.	. . .3,800			. 94,827	1	4
Contribution à l'arrofement par différens Propriétaires de Maifons.	. . .3,951					
Produits de Materiaux provenant de Maifons appartenant à la Ville. . . .	9	15				
Recouvremens de Frais.	11		7			
TOTAL DU CHAPITRE PREMIER.	. . . . . .	. .	. .	1,892,440	1	2

CHAPITRE II.

A CAUSE DES OBJETS DONT LA VILLE EST CHARGÉE POUR LE ROI.

DÉNOMINATIONS DES ARTICLES.	MONTANT de chaque Recette.			TOTAL de chaque nature de Recette.		
	l.	f.	d.	l.	f.	d.
Arrérage de l'Emprunt de { 600,000 . . . . Edit d'Août 1777.	. 125,000					
1,500,000 Déclaration du Roi de Sept. 1781.	. 207,500					
30,000,000 . . . . Edit de Septembre 1786.	. 167,500					
Remboursement de l'Emprunt de 520,000.	. 260,000					
Pour la Conftruction du Pont de Louis XVI. Edit de Septembre 1786.	. 100,000			. 874,500		
Appointemens des Commis-Mouleurs pour les Bois de Charbons. . . .	. . 12,500					
Sommes verfées par le Roi, pour être employées en legumes pour les Communautés. . . .	. . .2,000					

CHAPITRE III.

A CAUSE DE LA RÉVOLUTION.

DÉNOMINATIONS DES ARTICLES.	MONTANT de chaque Recette.			TOTAL de chaque nature de Recette.		
	l.	f.	d.	l.	f.	d.
Contributions volontaires.	. . . 84					
Prix de Matériaux de la Baftille.	. .6,501	7	4			
Recouvrement de fommes avancées relativement à des opéra- tions qui n'en ont pas néceffité l'emploi.	. . . 125			. . 18,300	18	10
Caufes particulières.	. .9,336	15				
Montant des Mandats fournis fur la Caiffe Militaire. . . .	. .2,253	16	6			

CHAPITRE IV.

A CAUSE DES SUBSISTANCES.

DÉNOMINATIONS DES ARTICLES.	MONTANT de chaque Recette.			TOTAL de chaque nature de Recette.		
	l.	f.	d.	l.	f.	d.
Grains vendus à la Municipalité de Montlhéry.	371	12				
Sommes reçues du Tréfor Royal.	5,109,000			5,119,371	12	
Recouvrement d'une Refcription de la Ferme générale non ac- quittée.	. .10,000					

CHAPITRE V.

A CAUSE DE LA GARDE-NATIONALE.

DÉNOMINATIONS DES ARTICLES.	MONTANT de chaque Recette.			TOTAL de chaque nature de Recette.		
	l.	f.	d.	l.	f.	d.
Montant des Mandats fournis fur la Caiffe Militaire.	. . . .	. .	. .	. 283,357		11

NOTA. On n'a point ouvert un fixiéme Chapitre de Recette pour l'opération des Biens Ecclé- fiaftiques, attendu qu'elle n'a occafionné jufqu'ici que des frais, dont le montant fe trouve au VIe Chapitre de Dépenfe.

DÉPENSE.

CHAPITRE PREMIER.

A CAUSE DES DÉPENSES QUI CONCERNENT LE DOMAINE DE LA VILLE.

DÉNOMINATIONS DES ARTICLES.	MONTANT de chaque Dépense.			TOTAL de chaque nature de Dépense.		
	l	ſ.	d.	l.	ſ.	d.
RENTES PERPÉTUELLES POUR EMPRUNTS.						
Arrérages d'un Emprunt { ſur l'ancien Domaine de la Ville. en 1551	4,580	11	11			
ſur les Octrois. . . . . en 1551	4,138	12	10			
ſur l'annuel des Officiers de la Ville 1681 & 1715.	2,110		9			
ſur le nouveau Domaine. 1700 & ſuivantes.	17,798	15	9			
ſur les droits des Boucheries. . . . 1705	9,351	4	2			
ſur les Boiſſons. . premier Emprunt 1707	1,159	11	6			
idem. . . . . . . ſecond Emprunt. 1724	3,674	18	2			
ſur les droits des Rouleurs des Vins 1733	58,115	8	3			
ſur les droits des Jaugeurs de Vins. . 1741	79,651	15	8			
de 700,000 liv. idem des Eſſayeurs. 1744	4,354		7			
de 800,000 liv. idem. 1745	7,815	4	2			
pour payer les dettes de l'Opéra. . . 1750	1,379	10				
de 600,000 liv. ſur l'Hôtel de Conti. 1751	5,391	7	6	333,157	8	6
Arrérages des Créances dues ſur l'Hôtel de Conti.	7,548		3			
Arrérages d'un Emprunt { de 4,800,000 liv. pour Don gratuit. 1758	9,728	5				
pour l'Hôtel de Soiſſons. 1762	8,880	14	11			
de 600,000 liv. pour Halle & Garre. 1764	7,777	11	11			
de 560,000 livres. 1766	4,378	1	2			
de 500,000 liv. pour Halle & Garre. 1767	8,400					
de 500,000 liv. idem. 1767	1,250					
au denier 25. 1767	26,126	12	8			
de 8,600,000 liv. 1767	53,041	12	2			
au denier 20.	4,560	16	2			
pour la Comédie Françoiſe. 1774	1,944	13				
				333,157	8	6

DÉNOMINATIONS DES ARTICLES.	MONTANT de chaque Dépense.			TOTAL de chaque nature de Dépense.		
	l.	f.	d	l.	f.	d.
DE L'AUTRE PART......				. 333,157	8	6
RENTES VIAGÈRES POUR EMPRUNTS.						
Arrérages d'un Emprunt de 1,000,000............ 1750	... 616	13	4			
de 1,200,000............ 1758	. . 13,781	13	4	..72,287	3	4
de 1,200,000............ 1762	. .20,964	3	4			
de 150,000............ 1771	. .36,924	13	4			
RESCRIPTIONS.						
Remboursement ds Capitaux..............	. 138,400			. 149,080		
Intérêts des Rescriptious renouvelées..............	. . 10.680					
CHARGES SUR LES FONDS ET DROITS.						
Vingtièmes .. sur les Octrois.............	. . 45,000			. . 45,953	19	
sur les Biens fonds..............	. . 953	19				
GAGES, DROITS, HONORAIRES ET AUTRES FRAIS D'ADMINISTRATION.						
Gages des Offices créés en 1690................	. . 1,423					
Autres Gages & Droits..............	. . 1,350	17	3			
Taxations au Trésorier, & intérêts du million de sa finance.	. . 25,000					
Commis aux Entrées sur les anciens droits. . ,..........	. . 33,726	15		.115,290	3	1
sur les nouveaux droits..........	. . 7,775					
Employés.... à l'Administration. . ,.........	. . 35,856	13	4			
à la Halle & à la Garre.........	. . 2,051	10				
Solde de la Garde sédentaire...............	. . 5,406	7	6			
Gratifications ordinaires.	. . 300					
Provision de retraite à M. Boudreau.............	. .2,400					
RÉPARATIONS, ENTRETIENS ORDINAIRES, &c.						
Entretiens.... Par baux à l'année..............	. . 30,046	14	3	. .31,105	9	3
des maisons du Domaine de la Ville....	. . . 758	15				
Travaux à la Garre.....................	. . . 300					
				. 746,874	3	2

DÉNOMINATIONS DES ARTICLES.	MONTANT de chaque Dépense.			TOTAL de chaque nature de Dépense.		
	l.	f.	d.	l.	f.	d.
CI-CONTRE.				746,874	3	2
TRAVAUX EXTRAORDINAIRES D'EMBELLISSEMENS ET AUTRES OBJETS D'UTILITÉ PUBLIQUE.						
Terraffe à la Garre.	21,081	13	4			
Travaux fur la Rivière.	16,669	19	8			
Immeubles des ci-devant Gardes-Françoifes. . . .	6,946			58,689	4	
Frais d'impreffion pour les Hôpitaux. . . .	11,987	5				
Reftant du prix d'une Maifon, rue de la Roquette, acquife par la Ville.	1,954	6				
DIVERSES DÉPENSES ORDINAIRES.						
Penfions.	100					
Frais { de Police.	617	12	6			
de Greffe.	105	17	6			
de procédure criminelle.	189	3	3			
ordinaires d'approvifionnemens pour Paris. . .	1,200					
Habillement des gens attachés à la Ville. . . .	5,366	10				
Service extraordinaire des Gardes de la Ville. . . .	72			18,406	6	9
Fournitures de Chandelles.	4,773	13				
Etrennes du premier Janvier 1790.	332					
Alimens aux Prifonniers.	88	18				
Secours aux Noyés.	2,063					
Dépenfes diverfes & particulières.	932					
Montant d'une action des Indes qui avoit été donnée en paiement, qui a été rendue, & pour laquelle il a été payé, y compris les intérêts échus. . . .	2,565	12	6			
DIVERSES DÉPENSES POUR ÉVÉNEMENS EXTRAORDINAIRES.						
Naiffance de M. le Dauphin.				184		
TOTAL DU CHAPITRE PREMIER.				824,153	13	11

CHAPITRE II.

EMPLOI DES FONDS VERSÉS PAR LE ROI.

DÉNOMINATIONS DES ARTICLES.	MONTANT de chaque Dépense.			TOTAL de chaque nature de Dépense.		
	l.	f.	d.	l.	f.	d.
Avances de la Ville à l'époque du 21 Janvier 1790 pour les objets ordinaires à sa charge. 30,966 3 4						
Plus, pour sommes portées en dépense au Compte des Domaines, & qui, d'après vérification, doivent être portées au compte du Roi. 59,068 19 10	. . 90,035	3	2			
Arrérages d'un Emprunt — de 600,000 l. Edit d'Août 1777. { Rentes perpétuelles.	. . 73,317	16	3			
Rentes viagères. . .	. . 33,313					
de 15,000,000 Edit de Septembre 1781.	. 249,615	9	11			
de 520,000 Arrêt du Conseil du 31 Octobre 1782.	. . 10,721	3	6			
de 30,000,000 Edit de Septembre 1786.	. 221,245	14	10			
Viager pour la Comédie Françoise. . . .	. . . 1,650					
Arrérages de rentes constituées pour douaires assignés sur les Maisons des Ponts.	. . 17,003	14	8	1,104,463	5	4
Remboursement sur l'Emprunt de 520,000 l.	. 260,000					
Indemnité des Maisons des Ponts. { Principaux.	. . . 7,410					
Intérêts.	. . . 2,980	8	6			
Frais relatifs à la démolition des Maisons des Ponts. . .	. . . 9,756	19	6			
Pour la Construction du Pont de Louis XVI.	. 105,060					
Appointemens des Commis-Mouleurs.	. . 20,355	15				
Fournitures aux pauvres Communautés Religieuses, de morue & légumes pendant le Carême.	. . . 1,998					

CHAPITRE III.

A CAUSE DE LA RÉVOLUTION.

DÉNOMINATIONS DES ARTICLES.	MONTANT de chaque Dépense.			TOTAL de chaque nature de Dépense.		
	l.	f.	d.	l.	f.	d.
Frais de démolition de la Bastille.	137,763	12	6			
Armes distribuées au Public.	8,786	19	6			
Sûreté dans & hors Paris.	43,310	10	8			
Secours aux Districts & à quelques Particuliers.	14,680	17				
Impressions.	10,000					
Affiches.	1,145			417,067	14	11
Appointemens des Employés dans les Bureaux de la Mairie de Rédaction & des différens Départemens & aux Secrétaires des Districts.	61,281	1	4			
Dépenses diverses.	120,099	13	11			
Indemnité à M. le Maire.	10,000					

CHAPITRE IV.

A CAUSE DES SUBSISTANCES.

DÉNOMINATIONS DES ARTICLES.	MONTANT de chaque Dépense.			TOTAL de chaque nature de Dépense.		
	l.	f.	d.	l.	f.	d.
Frais de Voyages.	16,130	15				
Prix de Grains, de Farine & de Mouture.	3,460,555	18	3			
Frais de voitures & indemnités y relatives.	372,434	15	5			
Prix & frais d'exploitation & garde des Moulins à bras & bluteaux.	168,840	8	6			
Solde, Appointemens & Gratifications aux Soldats employés à la Halle aux Grains, à l'Ecole-Militaire & au Bureau des Subsistances.	19,819	13	4	4,752,730	10	8
Prêts aux Boulangers.	1,000					
Primes aux Boulangers.	556,653	16	8			
Objets divers.	57,295	3	6			

CHAPITRE V.

A CAUSE DE LA GARDE-NATIONALE.

DÉNOMINATIONS DES ARTICLES.	MONTANT de chaque Dépense.			TOTAL de chaque nature de Dépense.		
	l.	ſ.	d.	l.	ſ	d.
Caſernement.	172,546	6	7			
Habillement.	189,137	2	5	468,212	12	8
Armement & Equipement.	81,406	10				
Dépenſes diverſes.. . . . . ;	15,112	13	8			

CHAPITRE VI.

A CAUSE DES OPÉRATIONS RELATIVES AUX BIENS DU CLERGÉ.

DÉNOMINATIONS DES ARTICLES.	MONTANT de chaque Dépense.			TOTAL de chaque nature de Dépense.		
	l.	ſ.	d.	l.	ſ	d.
Frais de Bureaux pour recevoir les Déclarations.				5,299	6	6

RÉCAPITULATION.

RECETTE.

	l.	f.	d.	l.	f.	d.
CHAPITRE Ier à cause des Recettes qui dérivent du Domaine de la Ville.	1,892,440	1	2			
CHAPITRE II. à cause des objets dont la Ville est chargée pour le Roi.	. 874,500	»	»			
CHAPITRE III. à cause de la Révolution. .	. . 18,300	18	10	8,187,969	12	11
CHAPITRE IV. à cause des Subsistances. . .	5,119,371	12	»			
CHAPITRE V. à cause de la Garde-Nationale.	. 283,357		11			

DÉPENSE.

	l.	f.	d.	l.	f.	d.
CHAPITRE Ier à cause des Dépenses qui concernent le Domaine de la Ville. . . .	. 824,153	13	11			
CHAPITRE II. à cause des objets dont la Ville est chargée pour le Roi.	1,104,463	5	4			
CHAPITRE III. à cause de la Révolution. . .	. 417,067	14	11	7,571,927	4	»
CHAPITRE IV. à cause des Subsistances. . .	4,752,730	10	8			
CHAPITRE V. à cause de la Garde Nationale.	. 468,212	12	8			
CHAPITRE VI. à cause des opérations relatives aux biens du Clergé.	. . 5,299	6	6			
Excédant de Recette.				. 616,042	8	11

RÉCAPITULATION GÉNÉRALE

*Des deux Comptes, du 13 Juillet au 21 Janvier 1790,
& du 22 Janvier au 30 Avril.*

RECETTE.

	l.	f.	d.		l.	f.	d.
Compte du 21 Janvier 1790. 11,605,165		1	9				
Compte du 30 Avril. . . 8,187,969 12 11				19,048,473		4	»
D'où il faut déduire le reſtant en Caiſſe au 21 Janvier. 744,661 10 8							
	7,443,308	2	3				

DÉPENSE.

	l.	f.	d.		l.	f.	d.
Compte du 21 Janvier 1790. 10,860,503		11	1				
Compte du 30 Avril. 7,571,927		4	»	18,432,430		15	1
Reſtant en Caiſſe au 30 Avril.				. . 616,042		8	11

*Certifié ſincère & véritable, & conforme au Bordereau de Caiſſe, du 30
Avril 1790.*

Le Couteulx, *Lieutenant de Maire.*

Pitra,   Trudon,

Avril,   Santerre,

Conſeillers-Adminiſtrateurs.